ALPHABET
DES ANIMAUX

ILLUSTRÉ

DE NOMBREUSES GRAVURES

PARIS
BERNARDIN-BÉCHET, LIBRAIRE-ÉDITEUR
31, QUAI DES AUGUSTINS, 31
1862

ALPHABET
DES ANIMAUX

FRONTISPICE

ALPHABET
DES ANIMAUX

ILLUSTRÉ

DE NOMBREUSES GRAVURES

PARIS
BERNARDIN-BÉCHET, LIBRAIRE-ÉDITEUR
31, QUAI DES AUGUSTINS, 31
1862

MAJUSCULES

A B C

D E F

G H I J

K L M

N O P

Q R S

T U V

X Y Z

MINUSCULES

a b c d

e f g h

i j k l m

n o p q

r s t u

v x y z

MAJUSCULES ITALIQUES

A B C D

E F G H

I J K L M

N O P Q

R S T U

V X Y Z

MINUSCULES ITALIQUES

a b c d

e f g h

i j k l m

n o p q

r s t u

v x y z

LETTRES DE FANTAISIE

A B C D E F G
H I J K L M N O
P Q R S T U V
W X Y Z Æ Œ

A B C D E F
G H I J K L
M N O P Q R
S T U V X Y Z

A B C D E F G
H I J K L M N O
P Q R S T U V X
Y Z Ç W Æ OE

A B C D E F G H I J K L
M N O P Q R S T U V X Y
Z Ç Æ Œ W

MAJUSCULES GOTHIQUES

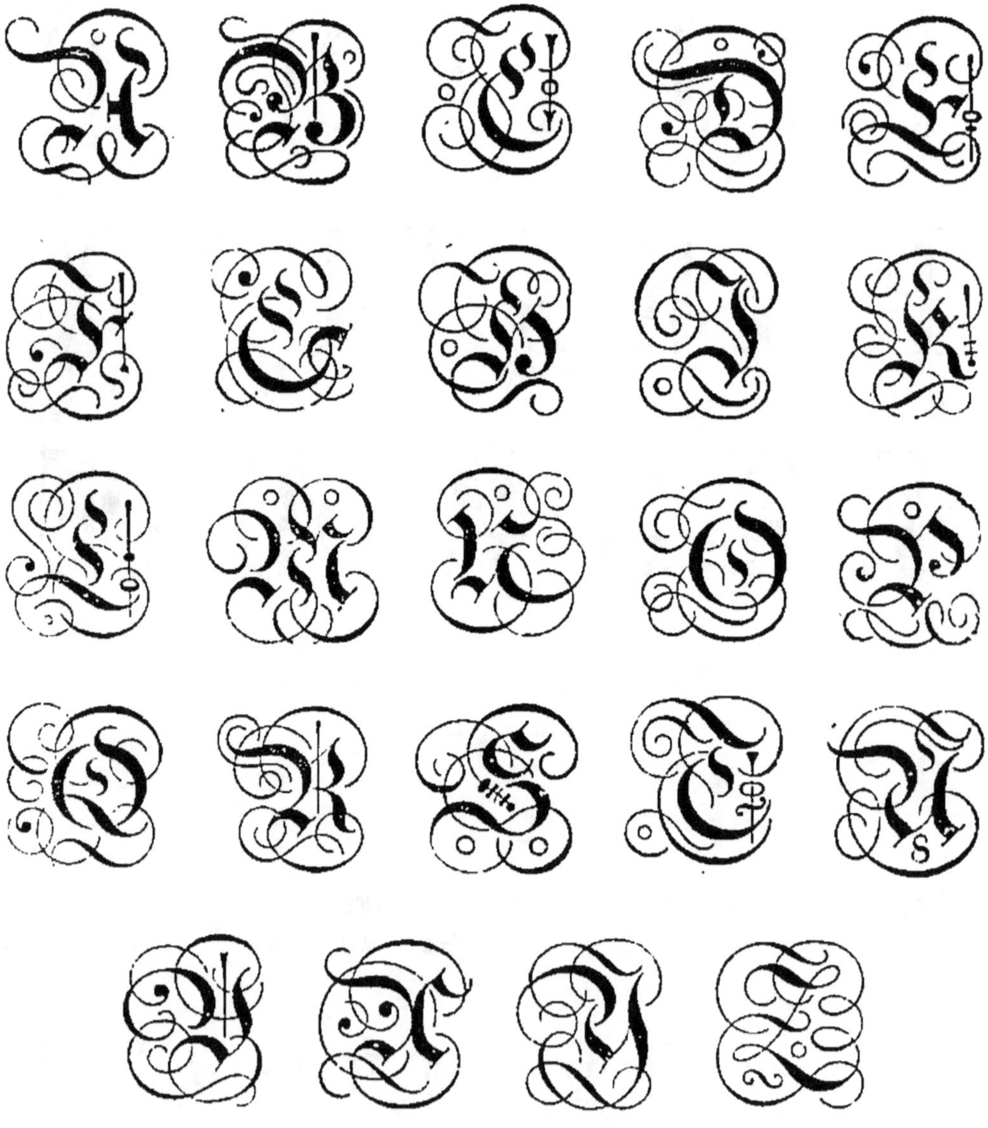

LETTRES DE RONDE

b c d e f g h i
k l m n o p q r
t u v w x y z

VOYELLES MAJUSCULES

E I O U Y

VOYELLES MINUSCULES.

a e i o u y

LETTRES ACCENTUÉES.

â é è ê î ô ù û

SIGNES DE PONCTUATION

Virgule (,)
Point et Virgule (;)
Point (.)
Deux Points (:)
Apostrophe (') l'orage.
Point d'interrogation (?)
Point d'exclamation (!)
Trait-d'union (-)
Parenthèse ( )
Guillemet (»)

CHIFFRES

0 1 2 3 4 5 6 7 8 9
Zéro Un Deux Trois Quatre Cinq Six Sept Huit Neuf

SYLLABES

ba	be	bi	bo	bu
ca	ce	ci	co	cu
da	de	di	do	du
fa	fe	fi	fo	fu
ga	ge	gi	go	gu
ha	he	hi	ho	hu
ja	je	ji	jo	ju
ka	ke	ki	ko	ku
la	le	li	lo	lu
ma	me	mi	mo	mu
na	ne	ni	no	nu
pa	pe	pi	po	pu
qua	que	qui	quo	quu
ra	re	ri	ro	ru

sa	se	si	so	su
ta	te	ti	to	tu
va	ve	vi	vo	vu
xa	xe	xi	xo	xu
za	ze	zi	zo	zu
bla	ble	bli	blo	blu
cla	cle	cli	clo	clu
dra	dre	dri	dro	dru
fla	fle	fli	flo	flu
gla	gle	gli	glo	glu
pla	ple	pli	plo	plu
spa	spe	spi	spo	spu
tra	tre	tri	tro	tru
vra	vre	vri	vro	vru

MOTS D'UNE SYLLABE

Air	Pas	Main
Deux	Par	Loi
Oui	Sans	Jeu
Et	Dieu	Un
De	Don	Or
Huit	Doux	Est
Si	Sur	Long
Dont	Ton	Vous
Ni	Pont	Pluie
Le	Banc	Mois
Bon	Bols	Fort
Bien	Buis	Faim

MOTS DE DEUX SYLLABES

Pa-pa	Oi-seau
Ma-man	Ca-non
Bi-jou	Tau-reau
En-fant	Mou-le
Cou-sin	Che-val
Bon-ne	Cor-beau
Tam-bour	Cou-leur
Bal-le	Bis-cuit
Bou-le	Ton-neau
Gâ-teau	Ra-bot
Da-da	Ra-teau
Chai-se	Poi-re
Sol-dat	Pom-me
Na-nan	Rai-sin

MOTS DE DEUX ET TROIS SYLLABES

É-toi-le	Poi-vre
Ré-ser-voir	Sa-van-te
Ta-blier	Com-plet
Son-net-te	Heu-reu-se
Pa-ra-dis	Trou-vé
É-gli-se	Ju-ge-ront
Fa-mil-le	Tan-te
O-rai-son	Cou-ra-ge
Doc-tri-ne	Sau-teu-se
En-trail-les	Plei-ne
In-stru-ment	Vi-van-te
En-ton-noir	Mon-de
Mai-son	Qua-li-té
Sou-ve-nir	Dé-cem-bre

Cra-va-che	Mon-ta-gne
Pen-du	Sa-bre
Vé-ri-té	Grim-pe-ra
Dé-mo-li	Ma-ga-sin
Au-ro-re	Jeu-di
Cham-bre	Ven-dre-di
Sar-di-ne	É-pe-ler
Ar-ti-chaut	Gou-ver-ne
Har-di-ment	Pro-pre-té
Ne-veu	Ra-re
Hor-lo-ger	Por-te
Bra-va	Fro-ma-ge
Hau-teur	Hau-te
No-vem-bre	Ca-po-ral
Jar-din	Em-pe-reur

No-ble	Dou-leur
Am-bi-gu	La-bou-ré
Chè-vre	Bra-ce-let
Fan-tai-sie	Bar-bil-lon
Car-pe	Bru-yè-re
Poi-son	Xan-te
Pois-son	A-ver-se
Mé-ri-te	Ruis-seau
É-coû-ta	Sel-le
Fa-ri-ne	Cor-ni-chon
Ven-du	Vi-gne
Con-ten-ta	Cho-co-lat
Mar-di	Zig-zag
Sain-te-té	Af-fai-re
Vo-leu-se	Bras-se-rie

MOTS DE QUATRE SYLLABES

Pé-ni-ten-ce	Ca-ra-bi-nier
Pro-me-na-de	Fi-na-le-ment
Ba-lan-çoi-re	Ca-ma-ra-de
Gour-man-di-se	Bo-ta-ni-que
Con-ve-na-ble	A-bat-te-ment
Glou-ton-ne-rie	Fra-ter-ni-té
Do-mes-ti-que	Il-lus-tra-tion
Fa-ci-le-ment	Las-si-tu-de
Re-con-nais-sant	Ca-pi-tai-ne
Mar-chan-di-se	Four-mi-liè-re

MEMBRES DE PHRASES

Mon père parle à ma mère.
Ce prince ne veut pas manger.
Demain je chanterai un cantique.
Il faut préférer l'honneur à la fortune.
Cette dame me dit avoir mal à la tête.
On lui portera du pain et du vin.
L'hiver sera très-rigoureux.
Le froid ne te fera pas mourir.
Écoutons toujours les bons conseils.
Paris est une des plus grandes villes du monde.
On doit aimer et désirer la sagesse et la vertu.
C'est Dieu qui a fait le ciel et la terre.
Le printemps ranime toute la nature.
Les petits enfants aiment bien les cerises et les fraises.

La clarté de la lune est due à la lumière du soleil.

Deux fois quatre font huit.

La Russie est la plus grande puissance de l'Europe.

Il y a eu un déluge qui a inondé toute la terre.

Rome est une des plus anciennes villes du monde.

Dieu aime les petits garçons qui se montrent sages et dociles.

Beaucoup d'animaux féroces habitent les pays chauds.

L'Angleterre est une île qui est séparée de la France par le Pas-de-Calais.

Deux fois dix font vingt.

C'est Christophe Colomb qui a découvert l'Amérique.

PHRASES

Dieu veut que les petits enfants aiment bien leur père, leur mère, leurs frères et leurs sœurs, puis qu'ils apprennent aussi à bien lire, à écrire, à parler et à chanter.

Dieu veut encore que les petits enfants pensent à lui tous les jours, tous les matins en se levant, tous les soirs en se couchant, et qu'ils le prient de tout leur cœur.

Comme c'est Dieu qui donne la vie aux petits enfants et la leur conserve, ils s'en suit que c'est lui qu'ils doivent aimer le plus; mais après lui c'est leur père et leur mère, parce que ce sont eux qui ont le plus de soin d'eux, leur font le plus de bien, et leur rendent le plus de services.

Les contrées de la France qui produisent le plus de blé, sont : la Beauce, la Brie, le Berri, l'Artois, la Normandie, la Picardie et la Champagne.

Voilà environ six mille ans que le monde existe ; Dieu le fit en six jours et par la puissance de sa parole.

Après avoir créé le monde et tous les animaux qui le peuplent, Dieu créa ensuite l'homme et la femme à son image.

Le premier homme fut appelé Adam, et la première femme Ève. Adam et Ève sont donc le premier père et la première mère du genre humain.

CRIS DES ANIMAUX

Le chien aboie.
Le chat miaule.
Le cochon grogne.
L'ours gronde.
Le loup hurle.
Le lion rugit.
Le renard glapit.
Le corbeau coasse.
La grenouille croasse.
Le serpent siffle.
Le cheval hennit.
Le taureau mugit.
Le bœuf beugle.
L'âne brait.
Le mouton bêle.
Le perroquet parle.
Le rossignol chante.

DIVISION DU TEMPS

Cent ans font un siècle.
Il y a douze mois dans un an.
Il y a trente jours dans un mois.
Trois cent soixante-cinq jours font un an.
On divise le mois en quatre semaines ; chaque semaine est composée de sept jours que l'on nomme :
Lundi, Mardi, Mercredi, Jeudi, Vendredi, Samedi, Dimanche.
Les mois de l'année sont : Janvier, Février, Mars, Avril, Mai, Juin, Juillet, Août, Septembre, Octobre, Novembre, Décembre.

LES SAISONS

Il y a quatre saisons dans l'année : le Printemps, l'Été, l'Automne et l'Hiver.

L'ANE

Travailleur infatigable, sobre, patient et modeste, l'âne est l'animal domestique le plus utile et le meilleur serviteur de l'habitant des campagnes, n'exigeant pour ainsi dire aucun soin. Il coûte très-peu par lui-même et est très-facile à nourrir. Il peut aussi servir de monture, toutes ses allures sont douces et il bronche moins que le cheval.

LE BŒUF

Ce quadrupède dont la docilité a quelque chose de surprenant quand on considère sa force, rend à l'homme des services si grands et si précieux, que, s'il n'est pas sa plus belle conquête, il en est au moins la plus riche. Après avoir été employé aux rudes travaux de l'agriculture, on l'engraisse pour le livrer au boucher et sa chair est encore notre meilleure nourriture.

LE CHEVAL

La plus belle conquête que l'homme ait jamais faite, est celle de ce fier et fougueux animal qui partage avec lui les fatigues de la guerre et la gloire des combats.

Outre ses travaux ordinaires qui sont le trait et la course, on le voit dans les cirques, faire des exercices qui surprennent et donnent une haute idée de son intelligence.

LE DAIM

Plus petit que le cerf, d'un aspect plus agréable, le daim est un des plus jolis animaux qui peuplent la terre. Le daim tient de la chèvre, dont il a les pieds fourchus, et il se plaît beaucoup plus sur les monts et rochers escarpés que dans les plaines. Sa peau sert à fabriquer les culottes et les gants en peau de daim que portent une grande partie de nos troupes.

L'ÉLÉPHANT

L'Éléphant est le plus grand des quadrupèdes connus. Il est originaire de l'Asie et de l'Afrique. Son corps est monstrueux et d'une couleur cendrée, sa peau rugueuse, sa tête énorme, ses oreilles longues et pendantes; ses yeux petits, mais vifs et spirituels; son nez ou trompe lui sert pour porter sa nourriture à la bouche.

LA FOUINE

La fouine est un animal carnassier, de la grosseur d'un chat, qui étrangle et dévore les petits oiseaux, les poulets et les lapins. Elle est la terreur des colombiers et des poulaillers. Son pelage est brun marron ; la gorge et le ventre sont blancs. La fouine rend cependant quelques services à l'agriculture, elle détruit les mulots, les taupes et autres petits animaux dévastateurs des jardins.

LA GIRAFE

La girafe est originaire et vit en Égypte. On dit que dans la plaine sa marche est plus rapide que celle du chameau et que, attaquée dans les bois par un lion, elle se défend et tue son adversaire.

Le Pacha d'Égypte envoya au roi Charles X, comme témoignage de sa gratitude, la première girafe que nous ayons vue en France.

L'HIPPOPOTAME

Cet animal monstrueux par sa taille et sa forme vit de préférence dans les rivières. Il court dans l'eau avec la rapidité du cheval en plein champ. Sa peau est tellement dure qu'une balle ne pourrait la perforer.

L'hippopotame est originaire d'Afrique; il n'attaque jamais l'homme et se nourrit d'herbes et surtout de poissons.

L'ISATIS

L'isatis appartient à cette espèce d'animaux carnassiers qui font la chasse aux oiseaux, dont ils dévorent les œufs avec une singulière avidité, aux poules et aux poulets qu'ils croquent encore mieux. Sa fourrure est recherchée presqu'autant que celle de la zibeline et de la marte. Les Russes en font un commerce considérable et très-productif.

LE JAGUAR

Le jaguar est originaire de l'Amérique méridionale. Il a tous les instincts féroces du lion et du tigre. Agile comme le chat, à la famille duquel il appartient, il grimpe sur les arbres afin de mieux guetter sa proie et s'élance sur elle lorsqu'elle vient à passer. Le jaguar fait la guerre à tous les animaux et à l'homme lui-même.

LE KANGUROO

Le kanguroo attire l'attention par la singularité de sa forme. Ses jambes de devant sont courtes et celles de derrière très-longues. Sa queue longue et touffue lui sert de point d'appui. Sa marche n'a lieu que par bonds et par sauts. Il s'apprivoise facilement et se nourrit de fruits, de racines et de graines. La femelle porte sous le ventre une espèce de poche dans laquelle elle cache ses petits.

LE LION

Le lion est beau, fier, imposant; sa démarche est noble, sa voix terrible, sa force prodigieuse. Cet ensemble admirable lui a valu le titre de roi des forêts. Le rhinocéros, l'éléphant, le tigre et l'hippopotame sont les seuls animaux qui osent se mesurer avec lui. La lionne est moins grande que le lion et n'a point de crinière.

LE MOUTON

Le mouton est encore un des animaux les plus utiles à l'homme; sa chair fournit une nourriture succulente; sa laine sert à la fabrication des étoffes chaudes et luxueuses dont nos vêtements sont confectionnés. Le mouton est l'animal le plus inoffensif qui existe, il ne sait pas même se défendre contre ses ennemis.

LE NIL-GHAULT

Le nil-ghault peut être classé dans la famille des cerfs. Il vit dans l'Inde non loin de Cachemire, d'où nous viennent ces beaux châles recherchés à si juste titre. Sa chair est très-estimée par les Indiens. Ces quadrupèdes, d'une grande douceur, s'apprivoisent facilement. Ceux qui habitent le Jardin des Plantes viennent lécher la main aux visiteurs.

L'OURS

L'ours est habitant des montagnes des Alpes, des Pyrénées et des glaces de la mer du Nord. Sauvage par sa nature, il fuit toute société, même celle de ses pareils. L'ours blanc, qui vit dans les glaces du Spitzberg et du Groenland, est le plus grand et le plus féroce de sa race. La peau de l'ours est très-estimée comme fourrure.

LE PORC-ÉPIC

Le porc-épic est un quadrupède dont le corps est entièrement couvert d'aiguillons qu'il hérisse en contractant la peau.

Il se trouve dans toutes les parties du monde, mais surtout en Afrique, dont il est originaire. Le porc-épic se nourrit de pain, de légumes et d'herbes potagères. Il est d'un naturel facile à apprivoiser.

LE QUACHI

Cet animal appartient à la famille des carnassiers et, comme le renard, égorge les petits animaux, les volailles et mange les œufs. Il est de petite taille, a le corps et le cou allongés, la tête longue ainsi que le museau. Le quachi a, comme l'ours, une grande facilité à se tenir debout sur les pieds de derrière, qui portent en grande partie sur les talons. Son poil est roux ou brun.

LE RHINOCÉROS

Le rhinocéros est un des plus grands quadrupèdes qui peuplent l'univers. Il se trouve en Afrique, dans l'Abyssinie, dans le Bengale et en Asie. Sa nourriture se compose de fruits, de racines et de jeunes rejettons d'arbre. Bien que d'un naturel très-doux, on n'a jamais pu l'utiliser. Il a sur le nez une corne longue et dure qui lui sert de défense, et sa peau est par son épaisseur à l'épreuve de la balle.

LE SINGE

La famille des singes est très-nombreuse. Comme l'un des plus remarquables, on doit citer l'orang-outang, le plus fort par la taille et le plus intelligent.

On voit au Jardin des Plantes une très-grande variété de singes qui, par leurs gentillesses, attirent journellement les curieux visiteurs autour de la rotonde dans laquelle ils sont renfermés.

LA TRUIE

De tous les quadrupèdes, le cochon paraît être le plus brute; les imperfections de la forme semblent influer sur le naturel; toutes ses habitudes sont grossières, tous ses goûts immondes. On nomme truie la femelle du cochon. La chair du cochon se vend à peu près autant que celle du bœuf; son poil sert à faire des pinceaux et des brosses.

L'UNAU

L'unau est plus communément connu sous le nom de PARESSEUX. Vivant de feuilles sauvages, il s'installe sur un arbre et ne le quitte que lorsqu'il les a toutes dévorées. Lorsque la faim le talonne, il se laisse tomber du haut de l'arbre pour se mettre à la recherche d'un nouveau gite. Sa marche est si lente, que c'est à peine s'il parcourt dans une journée quelques mètres de terrain.

LA VACHE

La vache nous donne le lait avec lequel on fait le beurre, les fromages et la crême. Elle est encore très-utile au laboureur pour les travaux de la terre. La vaccine, maladie particulière aux vaches, sert aux médecins à nous préserver des ravages de la petite vérole. La peau de la vache, ses cornes, sa graisse, ses os, tout est employé par l'industrie.

LE XANDARUS

Le xandarus, improprement appelé vache de Barbarie, appartient à une race particulière. Il est assez commun dans la partie septentrionale de l'Afrique. Sa couleur est roux foncé, sa chair bonne à manger.

On apprivoise facilement ce quadrupède, en le mêlant avec les bœufs dont il a les mœurs et une certaine ressemblance de conformation.

LE YACK

Les Mongols ont fait du yack un animal domestique très-utile. Il fait dans la Mongolie tous les travaux auxquels on soumet le bœuf dans nos pays. Comme le bœuf, il est armé de cornes, ses jambes courtes sont couvertes d'un poil très-long et très-fin, sa queue ressemble à la queue d'un cheval, et sur le cou il porte une espèce de crinière. Son pelage est noir et assez lisse.

LE ZÈBRE

L'un des mieux faits de tous les animaux et le plus élégamment vêtu, le zèbre a la figure et les grâces du cheval et la légèreté du cerf; sa robe est rayée de rubans noirs et blancs, posés avec la plus grande symétrie. On n'a jamais pu le rendre domestique, quoique très-susceptible d'être apprivoisé.

Le zèbre habite le cap de Bonne-Espérance.

PRIÈRES

ORAISON DOMINICALE

Notre Père qui êtes aux cieux, que votre nom soit sanctifié ; que votre règne arrive ; que votre volonté soit faite en la terre comme au ciel : donnez-nous aujourd'hui notre pain quotidien ; pardonnez nous nos offenses comme nous les pardonnons à ceux qui nous ont offensés, et ne nous laissez pas succomber à la tentation, mais délivrez-nous du mal.

Ainsi soit-il.

SALUTATION ANGÉLIQUE

Je vous salue, Marie, pleine de grâce; le Seigneur est avec vous; vous êtes bénie entre toutes les femmes, et Jésus, le fruit de vos entrailles, est béni. Sainte Marie, mère de Dieu, priez pour nous, pauvres pécheurs, maintenant et à l'heure de notre mort.

Ainsi soit-il.

SYMBOLE DES APOTRES

Je crois en Dieu, le Père tout-puissant, créateur du ciel et de la terre, et en Jésus-Christ son Fils unique, notre Seigneur ; qui a été conçu du Saint Esprit, est né de la Vierge Marie ; a souffert sous Ponce-Pilate ; a été crucifié, est mort, et a été enseveli ; est descendu aux enfers, et le troisième jour est ressuscité des morts ; est monté aux Cieux, est assis à la droite de Dieu le Père tout-puissant, d'où il viendra juger les vivants et les morts. Je crois au Saint Esprit ; la sainte Eglise catholique ; la communion des Saints ; la rémission des péchés ; la résurrection de la chair ; la vie éternelle. Ainsi soit-il.

CONFESSION DES PÉCHÉS

Je confesse à Dieu tout-puissant, à la bienheureuse Marie toujours Vierge, à saint Michel Archange, à saint Jean-Baptiste, aux Apôtres saint Pierre et saint Paul, à tous les Saints, et à vous, mon Père, que j'ai beaucoup péché, par pensées, par paroles, par actions et par omissions; c'est ma faute, c'est ma faute, c'est ma trèsgrande faute : C'est pourquoi je supplie la bienheureuse Marie toujours Vierge, saint Michel Archange, saint Jean-Baptiste, les Apôtres saint Pierre et saint Paul, tous les Saints, et vous, mon Père, de prier pour moi le Seigneur notre Dieu.

Que le Dieu tout-puissant nous fasse miséricorde, qu'il nous pardonne nos péchés et nous conduise à la vie éternelle. Ainsi soit-il.

Que le Seigneur tout-puissant et miséricordieux nous accorde l'indulgence, l'absolution et la rémission de nos péchés. Ainsi soit-il.

COMMANDEMENTS DE DIEU

Un seul Dieu tu adoreras
Et aimeras parfaitement.
Dieu en vain tu ne jureras,
Ni autre chose pareillement.
Les Dimanches tu garderas,
En servant Dieu dévotement.
Tes père et mère honoreras,
Afin de vivre longuement.
Homicide point ne seras,
De fait, ni volontairement.

Luxurieux point ne seras,
De corps ni de consentement.
Le bien d'autrui tu ne prendras,
Ni retiendras à ton escient.
Faux témoignage ne diras,
Ni mentiras aucunement.
L'œuvre de chair ne désireras,
Qu'en mariage seulement.
Biens d'autrui ne convoiteras,
Pour les avoir injustement.

COMMANDEMENTS DE L'ÉGLISE

Les fêtes tu sanctifieras,
Qui te sont de commandement.
Les Dimanches la Messe ouïras,
Et les fêtes pareillement.
Tous tes péchés confesseras,
A tout le moins une fois l'an.

Ton Créateur tu recevras,
Au moins à Pâques humblement.
Quatre-Temps, Vigiles jeûneras,
Et le Carême entièrement.
Vendredi chair ne mangeras,
Ni le Samedi mêmement.

HISTORIETTES

LE PETIT ORGUEILLEUX

Un jeune enfant, non content d'être servi et bien servi par les domestiques de son père, veut avoir un domestique à lui. « Tu l'auras, » lui dit son père, « mais sois certain que tu seras plus le domestique de ton domestique que lui-même ne sera le tien. » Le petit garçon insiste, son père lui donne un groom. Un groom c'est un petit laquais vêtu d'un livrée galonnée, chaussé de bottes à revers et coiffé d'un chapeau à ganse d'or. Ce groom est fort élégant et fort leste, mais il est aussi fort paresseux, fort négligent et fort gourmand. De façon que c'est, au bout de quelque temps, le petit garçon qui est forcé, comme l'en avait prévenu son père, de nettoyer l'habit de son groom, de faire les commissions de son groom, de servir à table son groom, d'être enfin le groom de son groom.

Quand le père croit la leçon suffisante, il renvoie le groom, embrasse son fils et lui demande s'il ne vaut pas mieux en effet avoir à son service tous les domestiques de son père que d'en avoir un à soi.

LE PETIT IMPRUDENT

Des marins qui montaient une chaloupe, la Bien-Aimée, de Royan, petit village près de Bordeaux, aperçurent au large un bateau qui s'en allait en dérive, et dessus quelque chose de blanc qui s'agitait vivement. Un de ces marins, nommé Jean Luchet, jeune homme intrépide et courageux, malgré la violence des vagues et la pluie abondante qui tombait en ce moment, se mit dans une frêle embarcation et se dirigea vers le bateau. Ce quelque chose de blanc qu'on y voyait s'agiter, c'était un jeune enfant en chemise qui se lamentait et appelait son père, comme un naufragé appelle Dieu à son secours. Le petit imprudent était monté sur le bateau, l'avait détaché du rivage et eût infailliblement péri sans le secours que lui envoyait la Providence. L'enfant fut consolé et ramené à ses parents, que sa disparition avait laissé dans la plus cruelle inquiétude.

LE JEUNE ARTISTE

Salvator Rosa était un grand peintre qui vivait il y a bien longtemps. Il mourut dans l'année 1673. Il annonça de bonne heure qu'il deviendrait un grand artiste ; mais son père était pauvre, et voulait que son petit Salvatorello devînt moine. Il le mit au couvent. Que faisait le jeune Salvator

Rosa ? Il charbonnait tout le jour les murs de sa prison, car c'est ainsi qu'il appelait le couvent. Il reçut pour prix de ses dessins de rudes corrections ; mais il était né avec ce penchant, il s'obstina, il charbonna, charbonna, charbonna tant et si bien les murs du couvent, ne respectant ni ceux qui conduisaient chez le prieur, ni ceux qui conduisaient à l'église, que les bons pères le chassèrent de leur sainte maison.

Salvatorello fut au comble de la joie : il avait la liberté, et il pourrait dessiner, peindre ! Il se souvint de sa sœur Stella, mariée au peintre Francanzani. Il commença ses études dans l'atelier de son beau-frère, et fit des progrès rapides et immenses. Il devint l'un des peintres les plus habiles de son temps. Il a laissé cent quatre-vingts tableaux, et pourtant il mourut à l'âge de cinquante-huit ans.

LA JEUNE FILLE ET LA LOUVE

Une louve exerçait d'affreux ravages dans plusieurs villages des environs de Bordeaux. Après avoir assouvi sa fureur sur les bestiaux, elle s'était attaquée à l'enfant d'un vigneron, qui ramassait de la fougère contre la lisière d'un bois bordant la route. Cette jeune fille, à peine âgée de treize ans, défendit ses jours avec un courage héroïque, en faisant usage d'une serpe dont elle se trouvait heureusement armée. L'animal furieux, criblé de blessures, hurlait d'une manière épouvantable, tandis que l'enfant criait au secours de toute la force de ses poumons. Un chasseur qui passait tout près de là, accourut sur le lieu de la scène, et arriva assez tôt pour délivrer la jeune fille d'une lutte au-dessus de ses forces, et à laquelle elle eût succombé, si deux coups de fusil, tirés à bout portant, n'eussent étendu sans vie le cruel animal sur le sable.

FABLES

LE LOUP ET L'AGNEAU

La raison du plus fort est toujours la meilleure :
Nous l'allons montrer tout à l'heure.

Un agneau se désaltérait
Dans le courant d'une onde pure.
Un loup survient à jeun, qui cherchait aventure,
Et que la faim en ces lieux attirait.
Qui te rend si hardi de troubler mon breuvage ?
Dit cet animal plein de rage :
Tu seras châtié de ta témérité.
— Sire, répond l'agneau, que votre majesté
Ne se mette pas en colère ;
Mais plutôt qu'elle considère

Que je me vas désaltérant
    Dans le courant,
    Plus de vingt pas au-dessous d'elle ;
Et que par conséquent en aucune façon,
    Je ne puis troubler sa boisson.
— Tu la troubles ! reprit cette bête cruelle ;
Et je sais que de moi tu médis l'an passé.
— Comment l'aurais-je fait si je n'étais pas né !
    Reprit l'agneau ; je tette encore ma mère.
        — Si ce n'est toi c'est donc ton frère.
— Je n'en ai point. — C'est donc quelqu'un des tiens ;
    Car vous ne m'épargnez guère,
    Vous, vos bergers et vos chiens,
On me l'a dit : il faut que je me venge.
    Là-dessus, au fond des forêts
    Le loup l'emporte, et puis le mange,
    Sans autre forme de procès.

LA CIGALE ET LA FOURMI

La cigale, ayant chanté
     Tout l'été,
Se trouva fort dépourvue
Quand la bise fut venue :
Pas un seul petit morceau
De mouche ou de vermisseau !
Elle alla crier famine
Chez la fourmi sa voisine,
La priant de lui prêter
Quelque grain pour subsister
Jusqu'à la saison nouvelle :
Je vous paierai, lui dit-elle,
Avant l'août, foi d'animal,
Intérêts et principal.
La fourmi n'est pas prêteuse ;
C'est là son moindre défaut ;
Que faisiez-vous au temps chaud ?
Dit-elle à cette emprunteuse.
— Nuit et jour, à tout venant,
Je chantais, ne vous déplaise.
— Vous chantiez ! j'en suis fort aise.
Hé bien ! dansez maintenant.

LE CORBEAU ET LE RENARD

Maître corbeau, sur un arbre perché,
  Tenait dans son bec un fromage.
Maître renard, par l'odeur alléché,
  Lui tint à peu près ce langage :
  Hé! bonjour, monsieur du corbeau!
Que vous êtes joli! que vous me semblez beau!
  Sans mentir, si votre ramage
  Se rapporte à votre plumage,
Vous êtes le phénix des hôtes de ces bois.
A ces mots, le corbeau ne se sent pas de joie ;
  Et, pour montrer sa belle voix,
Il ouvre un large bec, laisse tomber sa proie.
Le renard s'en saisit, et dit : Mon bon monsieur,
  Apprenez que tout flatteur
  Vit aux dépens de celui qui l'écoute :
Cette leçon vaut bien un fromage, sans doute.
  Le corbeau, honteux et confus,
Jura, mais un peu tard, qu'on ne l'y prendrait plus.

TABLE DE MULTIPLICATION

2	fois 2	font	4	5	fois 5	font	25	8	fois 8	font	64
2	3		6	5	6		30	8	9		72
2	4		8	5	7		35	8	10		80
2	5		10	5	8		40	8	11		88
2	6		12	5	9		45	8	12		96
2	7		14	5	10		50				
2	8		16	5	11		55	9	fois 9	font	81
2	9		18	5	12		60	9	10		90
2	10		20					9	11		99
2	11		22	6	fois 6	font	36	9	12		108
2	12		24	6	7		42				
3	fois 3	font	9	6	8		48	10	fois 10	font	100
3	4		12	6	9		54	10	11		110
3	5		15	6	10		60	10	12		120
3	6		18	6	11		66				
3	7		21	6	12		72	11	fois 11	font	121
3	8		24					11	12		132
3	9		27	7	fois 7	font	49				
3	10		30	7	8		56	12	fois 12	font	144
3	11		33	7	9		63				
3	12		36	7	10		70				
4	fois 4	font	16	7	11		77				
4	5		20	7	12		84				
4	6		24								
4	7		28								
4	8		32								
4	9		36								
4	10		40								
4	11		44								
4	12		48								

POISSY. — IMPRIMERIE ARBIEU.

POISSY. — TYPOGRAPHIE ARBIEU

www.ingramcontent.com/pod-product-compliance
Lightning Source LLC
LaVergne TN
LVHW020109100426
835512LV00040B/2153